Futures Handelsstrategien

Wie ein Profi in den Markt ein- und aussteigen, mit bewährten und effektiven Techniken für regelmäßige Gewinne

Inhaltsverzeichnis

Einführung

Herzlichen Glückwunsch zu Ihrem persönlichen Exemplar von *Futures Handelsstrategien*. Dieses Buch wird sicherstellen, dass Sie für den Einsatz von Futures-Kontrakten als Handelsinstrument gerüstet sind. Wir werden bewährte Techniken für den Einstieg in den Futures-Handel untersuchen, zusammen mit der Strategie der technischen Analyse, die für deren Ausführung erforderlich ist.

Das Buch befasst sich in erster Linie mit dem Futures-Handel, jedoch kann der Futures-Markt von anderen Märkten beeinflusst werden und wird dies auch oft. In den späteren Kapiteln werden wir diese Märkte einzeln betrachten und im letzten Kapitel werden Sie in Exchange Traded Funds (ETFs) eingeführt, eines der wichtigsten und nützlichsten Produkte, die in den letzten Jahren für individuelle Investoren geschaffen wurden.

Es gibt viele Bücher auf dem Markt, danke, dass Sie sich für dieses entschieden haben.

Kapitel 1:
Futures im Überblick

Wahrscheinlich haben Sie schon von Freunden oder in den Medien von Tradern gehört, die vom Futures-Markt profitieren und haben sich gefragt, ob auch Sie von diesen globalen Preisschwankungen profitieren können. Die Antwort: Ja, auch Sie können mit einem Handelskonto am Futures-Markt teilnehmen.

Der Futures-Markt ist spannend und breit gefächert, denn hier können Sie Futures-Kontrakte auf alles handeln, von Baumwolle und Zucker bis hin zu Zinssätzen und Energien. Sie sind weder auf einen bestimmten Sektor der Weltwirtschaft noch auf starke Wirtschaftsperioden beschränkt. Als Händler können Sie Geld verdienen, wenn die Preise steigen und auch, wenn die Preise auf dem Futures-Markt fallen.

Futures-Kontrakte

Die Basis des Futures-Marktes ist der Futures-Kontrakt. Um am Futures-Markt teilzunehmen, müssen Sie verstehen, was ein Futures-Kontrakt ist und wie er funktioniert. Beginnen wir mit einer grundlegenden Definition und gehen dann zu einem tieferen Verständnis der Kontrakte über und wie Sie von ihnen profitieren können. Ein Futures-Kontrakt ist ein Vertrag zwischen einem Käufer und einem Verkäufer, in dem sich der Verkäufer verpflichtet, dem Käufer eine Ware/ein Basisinstrument zu einem bestimmten Datum und zu einem bestimmten Preis zu liefern.

Verträge

Käufer und Verkäufer erstellen Futures-Kontrakte. Dies mag auf den ersten Blick seltsam erscheinen, wenn Sie mit dem Handel von Aktien vertraut sind, die von Unternehmen ausgegeben werden, die die Anzahl der verfügbaren Aktien bestimmen. Futures-Kontrakte unterscheiden sich von Aktien an der Börse. Während es eine endliche Anzahl von Börsenaktien gibt, steht im Gegensatz dazu eine unendliche Anzahl von potenziellen Futures-Kontrakten zur Verfügung. Solange es einen Käufer und einen Verkäufer gibt, können sie gemeinsam einen Futures-Kontrakt erstellen.

Futures-Börsen verfolgen, wie viele Kontrakte erstellt werden, und führen die Menge als Volumen auf. Das Volumen gibt an, wie viele Kontrakte für jeden verfügbaren Rohstoff in jeder Handelsperiode erstellt werden. Wenn Sie zum Beispiel einen Erdgas-Futures-Kontrakt betrachten und ein Volumen von 75.000 sehen, dann wissen Sie, dass an diesem Tag 75.000 Kontrakte für Erdgas-Futures erstellt wurden.

Das Volumen kann viel darüber aussagen, was in einem Futures-Kontrakt vor sich geht und wie viele Leute damit handeln, aber es liefert Ihnen nicht das ganze Bild, da nicht das gesamte Volumen von Händlern stammt, die neue Trades eröffnen. Ein beträchtlicher Teil des Volumens wird von Händlern generiert, die sich bereits in einem Handel befinden und ihre Geschäfte beenden wollen.

Futures-Händler, die in einem Handel sind und aus einem Handel aussteigen wollen, müssen einen neuen Kontrakt erstellen, um ihren anderen Kontrakt auszugleichen.

Als Futures-Händler müssen Sie nicht nur darauf achten, wie viele Kontrakte erstellt wurden, sondern auch, wie viele dieser Kontrakte noch aktiv sind. Ein hohes Volumen und ein hohes offenes Interesse sind Anzeichen für eine gute Liquidität im Markt, was bedeutet, dass es für Sie sehr einfach sein sollte, schnell in Ihre eigenen Geschäfte einzusteigen und diese mit einer geringen Spanne zwischen dem Geld- und Briefkurs zu beenden. Geringes Volumen und geringes offenes Interesse sind Anzeichen für eine geringe Liquidität im Markt, was bedeutet, dass es für Sie wahrscheinlich schwierig sein wird, schnell in Ihre eigenen Trades zu einem guten Preis ein- und auszusteigen.

Ankaufs- und Verkaufskurs

Werfen wir einen Blick auf die Käufer und Verkäufer der Kontrakte. Futures-Kontrakte werden in zwei Preisen notiert: einem Angebotspreis und einem Nachfragepreis. Der Angebotspreis ist der Preis, den Sie erhalten, wenn Sie Ihre Futures-Kontrakte verkaufen. Der Nachfragepreis ist der Preis, der angeboten wird, wenn Sie Futures-Kontrakte kaufen möchten. Der Angebotspreis ist immer niedriger als der Nachfragepreis, und die Differenz zwischen den beiden wird als Spanne bezeichnet. Wenn ein Kontrakt ein geringes Volumen hat, ist die Spanne zwischen dem Angebotspreis und dem Nachfragepreis groß. Wenn ein Futures-Kontrakt ein hohes Volumen hat, ist die Spanne zwischen dem Angebotspreis und dem

Nachfragepreis gering oder klein. Als Futures-Händler oder als Händler im Allgemeinen möchten Sie, dass die Spanne so klein wie möglich ist.

Sie können entweder ein Käufer oder ein Verkäufer eines Futures-Kontrakts sein. Der Futures-Markt bietet große Flexibilität, um zu kaufen oder zu verkaufen. Solange es auf der anderen Seite jemanden gibt, der bereit ist, einen Kontrakt zu verkaufen, den Sie kaufen möchten, oder einen Kontrakt zu kaufen, den Sie verkaufen möchten, können Sie den Kontrakt erstellen.

Long- und Short-Positionen

Zwei Begriffe, die Sie oft hören werden, wenn es um den Kauf und Verkauf von Futures-Kontrakten geht, sind Long und Short. Bei einem Kontrakt long zu gehen bedeutet, den Kontrakt zu kaufen. Mit einem Kontrakt "short" zu gehen bedeutet, den Kontrakt zu verkaufen.

Normalerweise wollen Futures-Händler einen Kontrakt kaufen, wenn sie glauben, dass der Preis steigen wird, und sie wollen einen Kontrakt verkaufen, wenn sie glauben, dass der Preis fallen wird. Ihre Aufgabe als Futures-Händler ist es, zu bestimmen, in welche Richtung sich der Preis Ihrer Meinung nach bewegen wird und entsprechend zu handeln.

Die Preise von Futures-Kontrakten schwanken täglich und einige Futures-Börsen begrenzen die Entfernung, um die sich einige Kontrakte in einer Handelsperiode bewegen können. Futures-

Kontrakte mit Regeln zur maximalen Preisschwankung stoppen den Handel, wenn sie sich zu weit in eine Richtung bewegen.

Futures-Kontrakte haben auch so genannte Schwellenwerte, die nach oben und unten begrenzt sind. Wenn sich der Preis des Futures-Kontrakts zu stark nach oben oder nach unten bewegt, wird der Handel mit diesem Kontrakt für einige Minuten unterbrochen, damit die Börse entscheiden kann, ob der Handel an diesem Tag fortgesetzt oder angehalten werden soll, um eine Panik auf dem Börsenparkett zu verhindern.

Hedger und Spekulanten

Käufer und Verkäufer von Futures-Kontrakten werden normalerweise in zwei Gruppen unterteilt: Hedger und Spekulanten.

Hedger sind Händler, die Futures-Kontrakte verwenden, um sich gegen Risiken abzusichern, die sie durch den Umgang mit den eigentlichen zugrunde liegenden Waren (z. B. ein Weizenbauer) und den damit verbundenen Preisschwankungen eingehen.

Spekulanten sind Händler, die Futures-Kontrakte verwenden, um auf Preisänderungen der zugrunde liegenden Waren zu spekulieren und hoffentlich davon zu profitieren. Spekulanten handeln typischerweise NICHT mit den zugrundeliegenden Waren, die durch den Futures-Kontrakt abgedeckt sind, in ihrem Tagesgeschäft. Sie werden höchstwahrscheinlich in diese Kategorie von Futures-Händlern fallen.

Spekulanten kaufen Futures-Kontrakte auf Waren, von denen sie glauben, dass sie im Wert steigen werden und verkaufen Futures-Kontrakte auf Waren, von denen sie glauben, dass sie im Wert fallen werden. Spekulanten spielen eine wichtige Rolle auf dem Futures-Markt. Sie stellen Liquidität für Hedger bereit, die ihr Risiko ausgleichen wollen. Spekulanten gehen ein Risiko ein, wenn sie einen Handel eingehen. Im Klartext: Hedger geben ihre Risiken an Spekulanten weiter, die hoffen, davon zu profitieren.

Nachdem Sie nun ein grundlegendes Verständnis davon haben, wer die Käufer und Verkäufer auf dem Futures-Markt sind, lassen Sie uns einen Blick auf die Waren werfen, mit denen diese Käufer und Verkäufer handeln.

Kapitel 2: Waren-Futures

Waren-Futures

Wenn Menschen an den Waren-Futures-Markt denken, denken sie an den Handel mit Kaffee oder Orangensaft. Diese Waren werden zwar an den Terminbörsen gehandelt, machen aber einen kleineren Teil der Handelsaktivität aus. Heutzutage dominieren Ölkontrakte, Erdgaskontrakte, Zinskontrakte, Getreide und andere den Futures-Markt.

Der Futures-Markt bietet eine breite und vielfältige Palette von Kontrakten, die Sie handeln können. Sie können von fallenden Ölpreisen profitieren und Sie können von einer steigenden Währung profitieren. Sie können die verfügbaren Futures-Kontrakte in zwei Kategorien einteilen: Waren-Futures und Finanz-Futures.

Waren-Futures sind Futures-Kontrakte, die sich auf eine physische Ware beziehen, die Sie herstellen, anbauen, abbauen und von Ort zu Ort transportieren können. Waren-Futures umfassen die folgenden Bereiche:

- Landwirtschaft
- Basismetalle
- Energien
- Fleisch
- Edelmetalle
- Nahrungsmittel

Finanz-Futures sind Futures-Kontrakte, die sich auf Finanzprodukte wie Anleihen und Aktienindizes beziehen. Finanz-Futures umfassen die folgenden Futures-Sektoren:

- Anleihen
- Währungen
- Kurzfristige Zinssätze
- Aktien-Indizes

Innerhalb jeder dieser Sektoren finden Sie Kontrakte von Zucker und Sojabohnen bis hin zu Silber und Kupfer, und jeder Kontrakt hat eine einzigartige Persönlichkeit. Wir werden einige dieser Sektoren und die darin enthaltenen Kontrakte in späteren Kapiteln behandeln.

Kapitel 3:
Termine, Austausch und Margen

Termine

Jeder Futures-Kontrakt hat ein bestimmtes Datum, an dem er abläuft, und einen bestimmten Preis, zu dem der Verkäufer die Ware liefern und der Käufer sie bezahlen muss. Wir werden einen Blick auf die Termine werfen, die mit einem Kontrakt verbunden sind, und dann einen Blick auf die tatsächliche Lieferung der zugrunde liegenden Ware werfen.

Futures-Kontrakte haben drei Haupttermine, mit denen Sie vertraut sein müssen: Kündigungsdatum, Verfallsdatum und Lieferdatum.

Das **Kündigungsdatum** ist der erste Tag, an dem der Verkäufer eines Futures-Kontrakts dem Käufer des Kontrakts mitteilen kann, dass er die Lieferung der zugrunde liegenden Ware erwartet. Wenn Sie zum Beispiel einen Futures-Kontrakt auf Rohkupfer verkaufen, können Sie dem Käufer des Kontrakts mitteilen, dass Sie das tatsächliche Kupfer liefern werden. In der Realität werden Sie dies nicht tun, sondern Ihre Kontrakte vor der Lieferung verrechnen.

Das **Verfallsdatum** ist der Tag, an dem der Futures-Kontrakt abläuft. Es ist auch der letzte Handelstag für den Kontrakt. Futures-Kontrakte laufen jeden Monat aus, jedoch wird nicht jede Ware jeden Monat gehandelt, aber es sind immer einige Warenkontrakte jeden Monat verfügbar. Sie müssen die spezifische Ware, mit der Sie handeln, überprüfen, um zu sehen, wann der Kontrakt ausläuft.

Jeder Futures-Kontrakt hat ein eindeutiges Tickersymbol, das Ihnen sagt, um welche zugrunde liegende Ware es sich handelt und wann der Kontrakt ausläuft. Jedes Tickersymbol besteht aus drei Teilen: der Instrumentenkennung, dem Monat des Verfalls und dem Jahr des Verfalls. Das Tickersymbol für einen Rohölkontrakt, der im Juli 2017 ausläuft, lautet zum Beispiel CLN17. CL steht für das Instrument, N für den Monat des Verfalls und 17 für das Jahr des Verfalls.

Die monatlichen Symbole für Waren finden Sie unten:

F	Januar
G	Februar
H	März
J	April
K	Mai
M	Juni
N	Juli
Q	August
U	September
V	Oktober
X	November
Z	Dezember

Das **Lieferdatum** ist das letzte Datum, bis zu dem die zugrunde liegende Ware vom Verkäufer an den Käufer geliefert werden muss. Das Lieferdatum wird auch als Abrechnungsdatum bezeichnet. Der Verkäufer muss jedoch nicht bis zum Lieferdatum warten, um die Ware zu liefern. Der Verkäufer kann jederzeit während der Lieferfrist, dem Zeitraum zwischen dem ersten Ankündigungsdatum und dem Lieferdatum, liefern.

Auch hier müssen Sie sich nicht um die Lieferung oder den Erhalt einer Ware kümmern, mit der Sie handeln. Sie sollten Ihre Positionen ausgleichen, bevor Ihre Kontrakte auslaufen. In der Tat gleichen die meisten Händler, sowohl Spekulanten als auch Hedger, ihre Positionen aus. Nur ein kleiner Prozentsatz der Futures-Kontrakte kommt tatsächlich zur Lieferung.

Es ist wichtig zu wissen, dass es zwei Arten der Lieferung bei Futures-Kontrakten gibt: physische Lieferung und Lieferung mit Barausgleich. Die physische Lieferung erfolgt, wenn der Käufer die zugrunde liegende Ware aus dem Kontrakt erhält. Eine Lieferung mit Barausgleich liegt vor, wenn der Käufer statt eines immateriellen Vermögenswerts wie den S&P 500 den Gegenwert des zugrunde liegenden Vermögenswerts in bar erhält.

Sie haben nun die grundlegenden Informationen, die Sie benötigen, um zu verstehen, was ein Futures-Kontrakt ist. Lassen Sie uns einen Blick darauf werfen, wo und wie Sie einen Futures-Kontrakt tatsächlich handeln.

Futures-Brokerage

Ein Futures-Broker oder eine Bank sind Ihr Portal zum Futures-Markt. Ihr Futures-Broker bietet Ihnen Zugang zu einer Handelsplattform und einem Konto, über das Sie Futures-Kontrakte kaufen und verkaufen können. Ihr Broker stellt Ihnen auch die Tools zur Verfügung, die Sie zur Recherche und Überwachung Ihrer Trades benötigen.

Futures-Börsen

Wenn Sie einen Handel zum Kauf oder Verkauf eines Kontrakts platzieren, sendet Ihre Bank oder Ihr Broker diesen Handel zur Ausführung an eine Futures-Börse. In der Vergangenheit wurde Ihr Geschäft an den Börsenplatz für den von Ihnen gehandelten Kontrakt gesendet. Die Börsenhändler handelten die Preise aus und Ihr Geschäft wurde ausgeführt. Einige Trades werden immer noch auf dem Handelsplatz ausgeführt, viele andere werden jetzt online elektronisch ausgeführt. Komplexe Software bringt Käufer und Verkäufer zusammen und führt den Handel in Bruchteilen von Sekunden aus. Technologische Fortschritte wie diese haben den Handel effizienter gemacht.

Hier ist eine Liste mit einigen der Börsen, an denen Sie handeln können:

Chicago Board of Trade (CBOT), via ECBOT
Chicago Mercantile Exchange (CME), via GLOBEX
New York Mercantile Exchange (NYMEX), via GLOBEX
New York Board of Trade (NYBOT), via ICE NYBOT
GLOBEX
Eurex
Euronext
ICE
Borsa Italiana
London International Financial Futures Exchange (LIFFE)
Spanish Official Exchange (MEFF)
OMX Stockholm (SSE)

Nachdem Sie nun wissen, wo Sie Futures-Kontrakte handeln können, lassen Sie uns einen Blick darauf werfen, wie Sie Ihre Trades tatsächlich platzieren.

Margin-Anforderungen

Für viele ist eines der schwierigsten Konzepte, das man als neuer Futures-Händler verstehen muss, das Konzept der Marge. Wenn Sie einen Futures-Kontrakt handeln, bezahlen Sie nicht den vollen Wert der zugrunde liegenden Ware im Voraus, wie Sie es beim Aktienhandel tun würden. Stattdessen platzieren Sie einen Handel und hinterlegen Ihre Margin bei Ihrem Futures-Broker, um sicherzustellen, dass Sie über genügend Geld verfügen, um eventuelle Verluste aus dem Handel zu decken.

Zum Beispiel, um einen Futures-Kontrakt für 1.000 Barrel Rohöl zu kaufen, anstatt $50.000 für 1.000 Barrel Rohöl (zu einem Marktpreis von $50 pro Barrel) im Voraus zu bezahlen, würden Sie nur $3.500 (nur für Beispielzwecke) auf Ihrem Konto als Marge benötigen. Dies ermöglicht Ihnen, einige Verluste bei diesem Handel zu verkraften, sollten sie eintreten.

Die Marge, die Sie beiseite legen, wenn Sie einen Handel eingehen, wird als Ihre anfängliche Marge bezeichnet. Nach der Ausführung eines Trades müssen Sie möglicherweise nicht dieselbe Höhe der Margin aufrechterhalten. Wenn Sie in einem Trade sind, müssen Sie nur die so genannte Erhaltungsmarge erfüllen, die je nach Börse in der Regel niedriger ist. Die Erhaltungsmarge ist der Geldbetrag, den Sie beiseite legen müssen, um in einem Handel zu bleiben. In unserem Rohöl-Beispiel würde Ihre Erhaltungsmarge nur $3.000 betragen, verglichen mit der anfänglichen Margin-Anforderung von $3.500.

Die Margin-Anforderungen werden von den Futures-Clearing-Häusern festgelegt. Auch die Margin-Anforderungen sind nicht dauerhaft festgelegt. Die Börse/Clearinghäuser können die Mindesteinschussanforderungen jederzeit anpassen. Ihr Broker kann die Margin-Anforderungen anheben, wenn er dies möchte. Ihr Broker kann auch einen so genannten Margin-Call ausstellen, wenn Ihre Margin-Levels aufgrund von Verlusten, die Sie bei Ihren Trades angehäuft haben, oder aufgrund von Erhöhungen der Margin-Anforderungen unter einen akzeptablen Mindestwert fallen. Wenn

Sie einen Margin Call erhalten, müssen Sie mehr Geld auf Ihr Konto einzahlen, um Ihre Margin-Verpflichtungen zu decken.

Sobald Sie Ihre Margin-Anforderung erfüllt haben, können Sie Ihren Handel eingehen. Sie können einen Futures-Kontrakt entweder mit einer Market Order oder einer Limit Order kaufen oder verkaufen. Ein Marktauftrag ist ein Kauf- oder Verkaufsauftrag, der Ihren Broker anweist, den Handel zum aktuellen Marktkurs zu platzieren. Eine Limit-Order ist eine Kauf- oder Verkaufsorder, die Ihren Broker anweist, den Handel zu einem bestimmten Preis oder besser zu platzieren.

Wenn Sie schnell in einen Handel ein- oder aussteigen wollen und sicher sein wollen, dass Sie ein- oder aussteigen, dann sollten Sie eine Marktorder verwenden. Wenn Sie damit einverstanden sind, mit dem Einstieg oder Ausstieg zu warten, bis der Preis genau richtig ist, können Sie eine Limit-Order verwenden, um sicherzustellen, dass Sie den von Ihnen gewünschten Preis erhalten.

Kapitel 4: Warenlieferanten

Die Preise von Futures-Kontrakten steigen und fallen mit den Jahreszeiten. Die Bewegungen verlaufen in einem scheinbar vorhersehbaren Rhythmus, die Preise scheinen immer zu bestimmten Zeiten des Jahres zu steigen und zu anderen Zeiten des Jahres zu fallen. Ob es nun die Frühjahrspflanzsaison für landwirtschaftliche Waren ist, ein Sommerferientief für Aktien oder die Dezembernachfrage nach Edelmetallen, es scheint immer etwas im Kalender zu geben, das Angebot und Nachfrage auf dem Markt beeinflusst.

Diese Ebbe und Flut der Preise ist sicherlich keine exakte Wissenschaft, viele andere Faktoren als die Saisonalität haben ebenfalls einen Einfluss auf den Preis eines Futures-Kontrakts, aber zu wissen, wie sich die Futures-Kontrakte, die Sie beobachten, durch den saisonalen Kalender bewegen, kann Ihnen helfen, Ihr Handelsjahr zu planen und sich auf zukünftige Trades vorzubereiten.

Um Ihnen einen groben Überblick über den Handelskalender zu geben und zu wissen, welche Futures-Kontrakte Sie zu einem bestimmten Zeitpunkt kaufen oder verkaufen sollten, werden wir die Merkmale der vier Jahreszeiten besprechen: Winter, Frühling, Sommer und Herbst.

Zulieferer

Bevor wir uns den Jahreszeiten zuwenden, ist es wichtig zu wissen, wer die Hauptlieferanten der einzelnen Waren sind, damit Sie besser verstehen können, warum der Wechsel der Jahreszeiten die einzelnen Waren beeinflusst.

In der heutigen globalen Wirtschaft können die Waren, die wir konsumieren, praktisch von überall auf der Welt kommen. Oft hören wir von wirtschaftlichen Megazentren wie den Vereinigten Staaten, der Europäischen Union und China und wir beginnen zu denken, dass alles, was wir kaufen, von diesen Orten kommt. Bei Rohwaren ist das jedoch nicht immer der Fall. Länder wie Brasilien, Argentinien, Indien und sogar Peru sind dominante Produzenten vieler der Waren, die auf den globalen Futures-Märkten gehandelt werden.

Wenn Sie über Warenproduzenten nachdenken, insbesondere über solche, die Agrarrohstoffe produzieren, ist es wichtig, sich daran zu erinnern, in welcher Hemisphäre sie sich befinden, da dies einen Einfluss auf die Erntezyklen hat. Wenn in der nördlichen Hemisphäre Sommer ist, ist in der südlichen Hemisphäre Winter, und umgekehrt.

Nördliche Hemisphäre: Ist die Hälfte der Erde, die nördlich des Äquators liegt und auf der etwa 90 % der gesamten menschlichen Bevölkerung der Erde leben.

Südliche Hemisphäre: Die südliche Hemisphäre ist die Hälfte der Erde, die südlich des Äquators liegt und auf der etwa 10 % der gesamten menschlichen Bevölkerung der Erde leben.

Schauen wir uns die drei wichtigsten Produzenten für jede der folgenden Waren an: Energien, Edelmetalle, Landwirtschaft.

Energie

Rohöl – Die drei größten globalen Produzenten von Rohöl sind wie folgt:

1. Russland
2. Saudi-Arabien
3. Vereinigte Staaten

Erdgas – Die drei weltweit größten Erdgasproduzenten sind wie folgt

1. Russland
2. Vereinigte Staaten
3. Iran

Edelmetalle

Gold – Die drei größten Goldproduzenten weltweit sind wie folgt:

1. China
2. Australien
3. Russland

Silber – Die drei weltweit größten Silberproduzenten sind wie folgt:

1. Mexiko
2. China
3. Peru

Landwirtschaft

Sojabohnen – Die drei größten Produzenten von Sojabohnen weltweit sind wie folgt:

1. Vereinigte Staaten
2. Brasilien
3. Argentinien

Weizen – Die drei weltweit größten Weizenproduzenten sind wie folgt:

1. China
2. Indien
3. Russland

Mais – Die drei größten Maisproduzenten weltweit sind wie folgt:

1. Vereinigte Staaten
2. China
3. Brasilien

Zucker – Die drei größten Zuckerproduzenten weltweit sind wie folgt:

1. Brasilien
2. Indien
3. China

Kaffee – Die drei weltweit größten Kaffeeproduzenten sind wie folgt:

1. Brasilien

2. Vietnam

3. Kolumbien

Baumwolle – Die drei weltweit größten Baumwollproduzenten sind wie folgt:

1. China

2. Indien

3. Vereinigte Staaten

Kapitel 5: Saisonalität und der Futures-Markt

Da Sie nun wissen, wer die wichtigsten Produzenten der einzelnen Waren sind, lassen Sie uns einen Blick darauf werfen, worauf Sie in den einzelnen Jahreszeiten achten sollten.

Januar, Februar und März

Zucker

Der Winter in der nördlichen Hemisphäre ist die Erntezeit für Zuckerrohr und Zuckerrüben. Die Zuckerrohr- und Zuckerrübenernte hat einen spürbaren Einfluss auf das Angebot auf dem Markt. Wenn es eine gute Ernte ist, wird das Angebot steigen, was den Zuckerpreis senken sollte. Bei einer schlechten oder schwachen Ernte sinkt das Angebot, was normalerweise zu einem Anstieg des Zuckerpreises führen sollte.

April, Mai & Juni

Rohöl

Die Rohölpreise beginnen typischerweise im Frühjahr zu steigen, da sich die Benzinproduzenten auf die bekannte Sommerfahrsaison in den Vereinigten Staaten einstellen.

Mais

Der Frühling in der nördlichen Hemisphäre ist die *Pflanzzeit* für Mais. Die Maisanbausaison hat einen direkten Einfluss auf das Angebot auf dem Markt. Wenn es eine starke Pflanzsaison ist, wird das Angebot steigen, was zu einem Rückgang des Maispreises führen sollte. Wenn es eine schlechte Pflanzsaison ist, wird das Angebot abnehmen, was zu einem Anstieg des Maispreises führen sollte.

Das Frühjahr in der südlichen Hemisphäre ist die *Erntezeit* für Mais. Die Maisernte hat einen direkten Einfluss auf das Angebot auf dem Markt. Wenn die Ernte gut ausfällt, steigt das Angebot, was den Maispreis senken sollte. Wenn die Ernte schlecht ausfällt, sinkt das Angebot, was den Maispreis steigen lässt.

Baumwolle

Der Frühling in der nördlichen Hemisphäre ist die Pflanzzeit für Baumwolle. Die Pflanzsaison für Baumwolle hat einen direkten Einfluss auf das Angebot auf dem Markt. Wenn es eine starke Pflanzsaison ist, wird das Angebot steigen, was den Baumwollpreis senken sollte. Wenn es eine schlechte Pflanzsaison ist, wird das Angebot abnehmen, was den Baumwollpreis erhöhen sollte.

Sojabohnen

Der Frühling in der nördlichen Hemisphäre ist die *Pflanzzeit* für Sojabohnen. Die Sojapflanzsaison hat einen direkten Einfluss auf das Angebot auf dem Markt. Wenn es eine produktive Pflanzsaison ist, wird das Angebot steigen, was den Preis für Sojabohnen senken sollte. Wenn es eine schlechte Pflanzsaison ist, wird das Angebot abnehmen, was den Preis für Sojabohnen erhöhen sollte.

Das Frühjahr in der südlichen Hemisphäre ist die *Erntezeit* für Sojabohnen. Die Sojabohnenernte hat einen direkten Einfluss auf das

Angebot auf dem Markt. Bei einer guten Ernte wird das Angebot steigen, was den Preis für Sojabohnen senken sollte. Wenn die Ernte schlecht ausfällt, sinkt das Angebot, was den Preis für Sojabohnen erhöhen sollte.

Zucker

Das Frühjahr in der nördlichen Hemisphäre ist *Pflanzzeit* für Zuckerrohr und Zuckerrüben. Die Pflanzsaison für Zuckerrohr und Zuckerrüben hat einen direkten Einfluss auf das Angebot auf dem Markt. Wenn es eine produktive Pflanzsaison ist, wird das Angebot steigen, was den Zuckerpreis senken sollte. Wenn es eine schlechte Pflanzsaison ist, wird das Angebot abnehmen, was den Zuckerpreis erhöhen sollte.

Der Herbst in der südlichen Hemisphäre ist die *Erntezeit* für Zuckerrohr und Zuckerrüben. Die Zuckerrohr- und Zuckerrübenernte hat einen direkten Einfluss auf das Angebot auf dem Markt. Bei einer guten Ernte wird das Angebot steigen, was den Zuckerpreis senken sollte. Bei einer schlechten Ernte wird das Angebot sinken, was den Zuckerpreis erhöhen sollte.

Juli, August & September

Rohöl

Die Rohölpreise steigen typischerweise während der Sommersaison am stärksten an, da die Anzahl der Autofahrer im Sommer zunimmt und die Produzenten von Winterheizöl ihre Vorräte erhöhen, um sie zu Beginn des Herbstes zu verkaufen.

Weizen

Der Sommer in der nördlichen Hemisphäre ist die traditionelle Erntezeit für Weizen. Die Weizenernte hat einen direkten Einfluss auf das Angebot auf dem Markt. Bei einer guten Ernte wird das Angebot steigen, was den Weizenpreis senken sollte. Bei einer schwachen Ernte sinkt das Angebot, was normalerweise zu einem Anstieg des Weizenpreises führen sollte.

Kaffee

Der Winter in der südlichen Hemisphäre ist die Erntezeit für Kaffee. Die Kaffeeernte hat einen deutlichen Einfluss auf das Angebot auf dem Markt. Wenn die Ernte gut ausfällt, wird das Angebot steigen, was den Kaffeepreis senken sollte. Wenn die Ernte schlecht ausfällt, sinkt das Angebot, was den Kaffeepreis steigen lässt.

Zucker

Der Winter in der südlichen Hemisphäre ist auch Erntezeit für Zuckerrohr und Zuckerrüben. Die Zuckerrohr- und Zuckerrübenernte hat einen direkten Einfluss auf das Angebot auf dem Markt. Wenn die Ernte gut ausfällt, steigt das Angebot, was den Zuckerpreis senken sollte. Bei einer schlechten Ernte wird das Angebot abnehmen, was den Zuckerpreis steigen lassen sollte.

Oktober, November und Dezember

Rohöl

Die Rohölpreise sinken in der Regel in den Herbstmonaten am stärksten, da die Menschen beginnen, weniger zu fahren. Außerdem neigen die Menschen dazu, den Großteil ihres Heizöls zu Beginn der Saison zu kaufen, so dass die Nachfrage während der restlichen Saison geringer ist.

Weizen

Der Herbst in der nördlichen Hemisphäre ist die Pflanzzeit für Weizen. Die Weizenpflanzsaison hat einen direkten Einfluss auf das Angebot auf dem Markt. Wenn es eine produktive Pflanzsaison ist, wird das Angebot steigen, was den Weizenpreis senken sollte. Wenn es eine schlechte Pflanzsaison ist, sinkt das Angebot, was den Weizenpreis steigen lassen sollte.

Mais

Der Herbst in der nördlichen Hemisphäre ist die Erntezeit für Mais. Die Maisernte hat einen direkten Einfluss auf das Angebot auf dem Markt. Bei einer guten Ernte wird das Angebot steigen, was den Maispreis senken sollte. Wenn die Ernte schlecht ausfällt, sinkt das Angebot und der Maispreis steigt.

Baumwolle

Der Herbst in der nördlichen Hemisphäre ist die Erntezeit für Baumwolle. Die Baumwollernte hat einen direkten Einfluss auf das

Angebot auf dem Markt. Bei einer guten Ernte wird das Angebot steigen, was den Baumwollpreis senken sollte. Bei einer schwachen Ernte wird das Angebot abnehmen, was den Baumwollpreis steigen lassen sollte.

Sojabohnen

Der Herbst in der nördlichen Hemisphäre ist die Erntezeit für Sojabohnen. Die Sojabohnenernte hat einen direkten Einfluss auf das Angebot auf dem Markt. Bei einer guten Ernte wird das Angebot steigen, was den Preis für Sojabohnen senken sollte. Bei einer schlechten Ernte sinkt das Angebot, was den Preis für Sojabohnen erhöhen sollte.

Zucker

Der Herbst in der nördlichen Hemisphäre ist auch *Erntezeit* für Zuckerrohr und Zuckerrüben. Die Zuckerrohr- und Zuckerrübenernte hat einen direkten Einfluss auf das Angebot auf dem Markt. Bei einer guten Ernte wird das Angebot steigen, was den Zuckerpreis senken sollte. Bei einer schlechten Ernte wird das Angebot sinken, was den Zuckerpreis erhöhen sollte.

Der Frühling in der südlichen Hemisphäre ist die *Pflanzzeit* für Zuckerrohr und Zuckerrüben. Die Pflanzsaison für Zuckerrohr und Zuckerrüben hat einen direkten Einfluss auf das Angebot auf dem Markt. Wenn es eine produktive Pflanzsaison ist, wird das Angebot steigen, was den Zuckerpreis senken sollte. Wenn es eine schlechte

Pflanzsaison ist, wird das Angebot abnehmen, was den Zuckerpreis erhöhen sollte.

Kaffee

Der Frühling in der südlichen Hemisphäre ist die Blütezeit für Kaffee. Die Kaffeeblütezeit hat einen direkten Einfluss auf das Angebot auf dem Markt. Wenn es eine gute Blütezeit ist, wird das Angebot steigen, was den Kaffeepreis senken sollte. Ist die Blütezeit schlecht, sinkt das Angebot, was den Kaffeepreis steigen lässt.

Kapitel 6:
Handel mit Futures unter Verwendung mehrerer Zeitrahmen

Handel mit Futures unter Verwendung mehrerer Zeitrahmen

Die Futures-Märkte auf der ganzen Welt sind in der Lage, effizient zu sein, da es während einer bestimmten Handelssitzung stetig Händler gibt, die Futures-Kontrakte kaufen möchten, während andere Händler sie verkaufen möchten. Der Wunsch eines Händlers, zu kaufen oder zu verkaufen, wird durch seine Strategie, sein Ziel und seinen Chart-Zeitrahmen beeinflusst. Kurzfristige Trader und langfristige Trader werden dramatisch unterschiedliche Dinge auf ihren Charts sehen, weil sie sehr unterschiedliche Zeitrahmen scannen. Kurzfristige Trader schauen wahrscheinlich auf 1-Minuten- bis 15-Minuten-Charts, während langfristige Trader wahrscheinlich auf Tages-, Wochen- oder Monatscharts schauen.

Trends, Unterstützungs- und Widerstandslinien sowie technische Indikatoren sehen in einem 5-Minuten-Chart ganz anders aus als in einem Tages-Chart. Sie können zum Beispiel einen 5-Minuten-Chart von Gold betrachten und sehen, dass der Preis in einem Abwärtstrend zu sein scheint. Wenn Sie jedoch zu einem Tageschart wechseln, können Sie sehen, dass sich der Preis seit Monaten in einem Aufwärtstrend befindet.

Welcher Chart ist also korrekt? Befindet sich Gold in einem Aufwärtstrend oder in einem Abwärtstrend? Die Antwort ist, dass beide Charts korrekt sind. Es hängt alles von Ihrer Perspektive und Ihrem Trading-Zeitrahmen ab. Wenn Sie ein kurzfristiger Trader sind, sollten Sie sich auf kurzfristige Charts und Trends konzentrieren. Wenn Sie ein längerfristiger Trader sind, sollten Sie sich auf längerfristige Charts und Trends konzentrieren. Wenn Sie jedoch sowohl die kurzfristigen Trends als auch die längerfristigen Trends in Einklang bringen können, erhöhen Sie die Erfolgsaussichten zu Ihren Gunsten.

Um eine umfassendere Vorstellung davon zu bekommen, welche Trend- und Unterstützungs- und Widerstandskräfte die Futures-Kontrakte, die Sie verfolgen, beeinflussen, sollten Sie die folgenden drei Charts (Zeitrahmen) in Ihrer technischen Analyse einbeziehen: Trend Chart (langfristiger Chart), Signal Chart, Timing Chart (kürzerfristiger Chart). Sobald Sie jeden Zeitrahmen analysiert haben, können Sie sie alle zusammenfügen, um ein gutes Wahrscheinlichkeits-Setup für einen Handel zu bestätigen

Trendchart

Der Trendchart hilft Ihnen, wie der Name schon sagt, den dominanten Trend zu identifizieren, mit dem Sie handeln sollten. Wenn der Preis im Trendchart nach oben tendiert, sollten Sie den Futures-Kontrakt kaufen. Wenn der Preis im Trendchart abwärts tendiert, sollten Sie den Futures-Kontrakt verkaufen.

Um den Zeitrahmen zu bestimmen, den Sie für Ihren Trendchart verwenden sollten, müssen Sie zunächst den Zeitrahmen bestimmen, den Sie normalerweise für Ihre Signalcharts verwenden. Sobald Sie den Zeitrahmen Ihres Signalcharts identifiziert haben, sollten Sie einen weiteren Zeitrahmen einbeziehen, um den Zeitrahmen zu finden, den Sie für Ihren Trendchart verwenden sollten.

Im Folgenden finden Sie eine Liste gängiger Zeitrahmen für Signalcharts. Verwenden Sie sie, um den optimalen Zeitrahmen für Ihren Trendchart zu identifizieren:

1-Minute-Signalchart	15-Minuten- bis 30-Minuten-Trendchart
5-Minuten-Signalchart	1-Stunde-Trendchart
15-Minuten- bis 30-Minuten-Signalchart	4-Stunden-Trendchart
1-Stunde-Signalchart	1-Tages-Trendchart
1-Tages-Signalchart	1-Woche-Trendchart
1-Woche-Signalchart	1-Monats-Trendchart

Wenn Sie zum Beispiel typischerweise Futures-Kontrakte mit Blick auf einen 1-Stundenchart handeln, sollten Sie einen 1-Tageschart für Ihren Trendchart verwenden. Wenn Sie typischerweise Futures-Kontrakte auf einem 15-Minutenchart handeln, sollten Sie einen 4-Stundenchart für Ihren Trendchart verwenden.

Sobald Sie den Zeitrahmen identifiziert haben, den Sie für Ihren Trendchart verwenden sollten, sollten Sie den Gesamttrend im Chart anhand von Unterstützungs- und Widerstandsniveaus oder gleitenden Durchschnitten bestimmen.

Auf dem Wochen-Chart für den australischen Dollar können Sie sehen, dass die diagonale Unterstützungsebene anzeigt, dass sich dieser Futures-Kontrakt in einem Aufwärtstrend befindet.

Abbildung 1 - Trendchart

Wenn in Ihrem Trendchart ein Aufwärtstrend zu sehen ist, sollten Sie in Ihrem Signalchart nach Kaufsignalen Ausschau halten. Wenn es einen Abwärtstrend auf Ihrem Trend-Chart gibt, sollten Sie nach Verkaufssignalen auf Ihrem Signal-Chart Ausschau halten. Sobald Sie den Trend identifiziert haben, müssen Sie profitable Handelssignale identifizieren.

Einer der vielen Vorteile, die Sie genießen werden, wenn Sie mehrere Zeitrahmen in Ihrem Handel verwenden, ist, dass Sie den Futures-Markt aus den Perspektiven vieler verschiedener Arten von Händlern sehen werden. Indem Sie sowohl kurzfristige als auch langfristige Charts betrachten, werden Sie sich mehr darüber bewusst sein, worauf sowohl kurzfristige als auch langfristige Trader achten. Dies wird dazu beitragen, dass Sie nicht von plötzlichen Preisbewegungen überrascht werden.

Signalchart

Der Signalchart ist Ihr wichtigster Chart. Er liefert die Einstiegshandelssignale, die Ihnen sagen, wann Sie auf der Grundlage der von Ihnen verwendeten Handelsstrategie nach Kauf- und Verkaufsmöglichkeiten Ausschau halten müssen. Wenn Sie z.B. typischerweise den Commodity Channel Index (CCI) verwenden, um Handelssignale zu erkennen, werden Sie ihn hier im Signalchart verwenden. Sie müssen den Indikator nicht auf dem Trendchart oder dem Timingchart verwenden (siehe Abbildung 2).

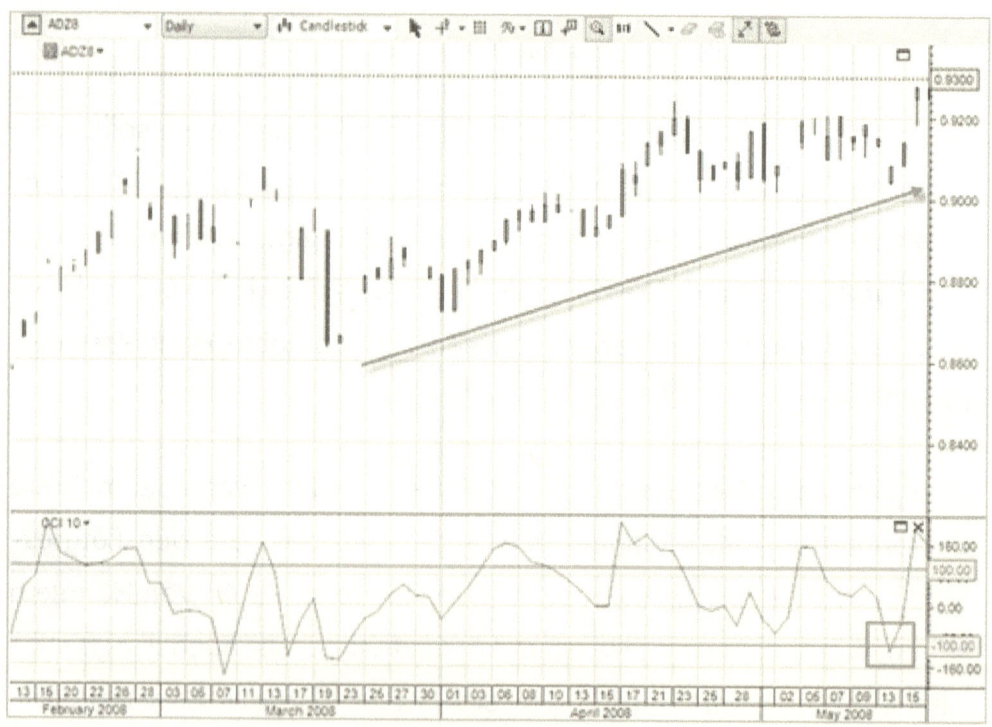

Abbildung 2 – Signalchart

Die Verwendung eines Signalcharts in Verbindung mit einem Trendchart ermöglicht es Ihnen, potenziell profitable Handelssignale genauer zu identifizieren. Wenn Ihr Trendchart z. B. zeigt, dass sich der Kurs in einem Aufwärtstrend befindet, sollten Sie in Ihrem Signalchart nur nach Kaufsignalen suchen. Die beste Möglichkeit, von einem längerfristigen Aufwärtstrend zu profitieren, ist der Kauf des Futures-Kontrakts. Wenn Ihr Trendchart zeigt, dass sich der Preis in einem Abwärtstrend befindet, sollten Sie auf Ihrem Signalchart nach Verkaufssignalen Ausschau halten. Der beste Weg, einen längerfristigen Abwärtstrend auszunutzen, ist der Verkauf des Futures-Kontrakts.

Der Trendchart erlaubt es Ihnen, die weniger gewinnbringende Hälfte der Handelssignale, die Sie auf Ihrem Signalchart sehen, zu ignorieren. Da sich diese Handelssignale gegen den längerfristigen Trend richten, werden sie höchstwahrscheinlich erfolglos sein.

Nachdem Sie nun Ihre Handelssignale identifiziert haben, müssen Sie mit Hilfe Ihres Timingcharts genau bestimmen, wann Sie in Ihre Trades ein- und aussteigen.

Timingchart

Das Timingchart hilft Ihnen, wie der Name schon sagt, genau zu bestimmen, wann Sie in einen Handel ein- und aussteigen sollten. Jeder Tick zählt, wenn Sie ein Futures-Händler sind. Je genauer Sie also Ihre Ein- und Ausstiegspunkte bestimmen können, desto mehr Geld sollten Sie auf Ihrem Konto behalten.

Im Folgenden finden Sie eine Liste gängiger Signalchart-Zeitrahmen. Verwenden Sie sie, um den am besten geeigneten Zeitrahmen für Ihren Timingchart zu identifizieren:

1-Minute-Signalchart	Timingchart für Ticks
5-Minuten-Signalchart	1-Minute-Timingchart
15- bis 30-Minuten-Signalchart	5-Minuten-Timingchart
1-Stunden-Signalchart	15-Minuten-Timingchart
1-Tages-Signalchart	1-Stunde-Timingchart
1-Woche-Signalchart	1-Tages-Timingchart
1-Monats-Signalchart	1-Woche-Timingchart

Sie können eine der beiden folgenden Methoden verwenden, wenn Sie Ihre Einstiegs- und Ausstiegssignale in Ihren Timingcharts festlegen möchten:

1. Sie können den Trend sowie Unterstützungs- und Widerstandsniveaus erkennen
2. Sie können denselben technischen Indikator verwenden, mit dem Sie Ihre Handelssignale erzeugen

Trends sowie Unterstützung und Widerstand erkennen - Wenn Sie einen Kaufeintrag auf Ihrem Signalchart sehen, könnten Sie erwarten, dass sich der Preis auf einem Aufwärtstrend auf dem Timingchart befindet. Sie erwarten auch, dass der Preis des Futures-Kontrakts näher an der Unterstützung liegt als am Widerstand. Dies sagt Ihnen, dass der Futures-Kontrakt noch Spielraum nach oben hat, bevor er auf den Widerstand trifft. Achten Sie darauf, wenn er gerade den Widerstand durchbrochen hat, sollte er sich weiter nach oben bewegen.

Verwendung eines technischen Indikators - Wenn Sie einen technischen Indikator, z. B. den CCI (Commodity Channel Index), in Ihrem Signalchart verwenden, um Handelssignale zu generieren, können Sie denselben Indikator in Ihrem Timingchart verwenden, um zu erkennen, wann Sie in den Handel ein- oder aussteigen sollten.

Wenn Sie zum Beispiel den CCI in Ihrem Signalchart verwenden und er Ihnen ein Kaufsignal gibt, würden Sie den CCI zu Ihrem Timingchart hinzufügen und sicherstellen, dass er Ihnen auch im Timingchart ein Kaufsignal gibt. Wenn der CCI im Timingchart kein Kaufsignal gibt, sollten Sie warten, bis er im Timingchart ein Kaufsignal gibt, bevor Sie in den Handel einsteigen (siehe **Abbildung 3**).

Abbildung 3 - Timingchart

Hochwahrscheinliche Handelseinstellungen

Lassen Sie uns einen Blick darauf werfen, wie eine hochwahrscheinliche Handelseinstellung aussieht, die den Ansatz des Handels mit mehreren Zeitrahmen verwendet. Wir werden uns ein Beispiel für Rohöl ansehen und dabei einen Wochenchart als Trendchart, einen Tageschart als Signalchart und einen 1-Stunden-Chart als Timingchart verwenden.

Zuerst sollten Sie sich den Trendchart ansehen, um zu erkennen, in welche Richtung das Instrument tendiert. Wie Sie auf dem Rohöl-Wochenchart sehen können, befindet sich der Preis schon seit einiger Zeit in einem Aufwärtstrend (siehe **Abbildung 4**). Es wäre unklug, diesen Trend zu bekämpfen und zu versuchen, den Futures-Kontrakt zu verkaufen.

Abbildung 4 - Trendchart (Hochwahrscheinliche Handelseinstellungen)

Als nächstes sollten Sie sich den Signalchart ansehen, um ein geeignetes Kaufsignal für Rohöl zu identifizieren. In diesem Beispiel betrachten wir die Verwendung des CCI (Commodity Channel Index), um das Handelssignal zu generieren. Auf dem Rohöl-Tageschart können Sie sehen, dass der CCI am 4. Mai ein Kaufsignal auslöste, als er von unter –100 auf über –100 stieg. Der Preis des Futures-Kontrakts befand sich zu diesem Zeitpunkt ebenfalls in einem Aufwärtstrend (siehe **Abbildung 5**).

Abbildung 5 - Signalchart (Hochwahrscheinliche Handelseinstellungen)

Abschließend sollten Sie einen Blick auf den Timingchart werfen, um einen geeigneten Zeitpunkt zum Kauf von Rohöl zu identifizieren. Auf dem 1-Stunde-Chart können Sie sehen, dass der Preis nach oben tendiert und entlang eines aufwärtsgerichteten Unterstützungsniveaus Unterstützung findet (siehe **Abbildung 6**).

Abbildung 6 - Timingchart (Hochwahrscheinliche Handelseinstellungen)

Wenn Sie sehen können, dass das auf dem Signalchart generierte Handelssignal sowohl mit dem Trend auf dem Trendchart als auch mit der Preisbewegung auf dem Timingchart übereinstimmt, sollten Sie zuversichtlich sein, dass Ihr Handel eine gute Möglichkeit hat, profitabel zu sein.

Die Verwendung mehrerer Zeitrahmen liefert Ihnen genauere Handelsinformationen. Bessere Informationen führen in der Regel zu besseren Trades. Bessere Trades führen zu mehr Gewinnen und Sie sind zufriedener.

Kapitel 7:
Zwischenmarktanalyse

D er Futures-Markt ist der vielfältigste globale Finanzmarkt. Obwohl kein anderer Finanzmarkt mit der Vielfalt des Futures-Marktes verglichen werden kann, haben andere Finanzmärkte einen Einfluss auf den Futures-Markt. Zum Beispiel kann der U.S. Anleihenmarkt den Wert des U.S. Dollar Index Futures-Kontraktes beeinflussen, genauso wie der japanische Yen den Wert des Nikkei 225 Index Futures-Kontraktes beeinflussen kann.

Um ein erfolgreicher Futures-Händler zu werden, müssen Sie die Beziehungen zwischen den weltweiten Finanzmärkten erkennen und verstehen, wie diese Beziehungen die Futures-Kontrakte, die Sie handeln, beeinflussen können.

Manchmal können Sie eine frühe Warnung darüber erhalten, was auf dem Futures-Markt passieren wird, indem Sie beobachten, was gerade auf anderen Finanzmärkten passiert. Wenn Sie zum Beispiel sehen, dass der Wert des Währungspaares AUD/USD schnell steigt, können Sie auf einen entsprechenden Anstieg des Wertes des Gold Futures-Kontraktes achten. Sobald Sie wissen, worauf Sie achten müssen, können Sie die gleichen Korrelationen nutzen, die auch die großen institutionellen Investoren beobachten. In diesem Abschnitt werden wir uns darauf konzentrieren, wie die folgenden Märkte den Futures-Markt beeinflussen: Forex, Anleihen, Aktien.

Der Forex-Markt und der Futures-Markt

Der Anstieg der globalen Nachfrage nach Waren hat den Futures-Markt und den Forex-Markt enger aneinander gebunden. Praktisch jedes Land auf der Welt muss einige der Waren, die es verbraucht, importieren. Um diese Waren zu kaufen, müssen Importeure typischerweise ihre Währung in die Währung des Landes tauschen, aus dem sie ihre Waren importieren. Diese Transaktion treibt die Nachfrage nach der Währung des Exporteurs in die Höhe, was zu einem entsprechenden Anstieg des Wertes dieser Währung führt. Diese Transaktion treibt auch das Angebot der Währung des Importeurs in die Höhe, so dass der Wert dieser Währung sinkt.

Drei der wichtigsten Währungen - der kanadische Dollar (CAD), der australische Dollar (AUD) und der neuseeländische Dollar (NZD) - sind eng mit den Werten von Waren verbunden und werden von diesen beeinflusst, da sie wichtige Exporteure von Waren sind. Wenn die Preise für Waren steigen, steigt der Wert dieser Währungen in der Regel an. Wenn die Preise für Waren fallen, sinkt der Wert dieser Währungen in der Regel.

Jede dieser Rohstoffwährungen, wie sie unter Devisenhändlern bekannt sind, ist mit einer anderen Ware korreliert. Zum Beispiel sind Gold-Futures stark mit dem australischen Dollar korreliert. Wenn der Preis des australischen Dollars steigt, steigt typischerweise auch der Wert von Gold-Futures. Wenn der Preis des australischen Dollars sinkt, fällt auch der Wert der Gold-Futures. Obwohl diese Korrelation nicht perfekt ist, lohnt es sich, darauf zu achten.

Futures-Händler können auch Futures-Kontrakte kaufen und verkaufen, die direkt die Währungen selbst repräsentieren. Sie können den Futures-Kontrakt für den kanadischen Dollar kaufen, wenn Sie glauben, dass diese Währung im Wert steigen wird. Oder Sie können den Futures-Kontrakt für den japanischen Yen verkaufen, wenn Sie glauben, dass diese Währung im Wert sinken wird. Wenn Sie also darauf achten, was auf dem Forex-Markt während der Handelssitzungen passiert, können Sie bei Ihrem Futures-Handel größere Gewinne erzielen.

Der Anleihenmarkt und der Futures-Markt

Der globale Anleihenmarkt ist der zweitgrößte Finanzmarkt der Welt. Regierungen, Institutionen und individuelle Investoren nehmen alle aktiv am globalen Anleihenmarkt teil. Jeder dieser Marktteilnehmer ist auf der Suche nach der gleichen Sache, einer profitablen Investitionsrendite.

Staatsanleihen machen den größten Anteil des globalen Anleihenmarktes aus. Diese Anleihen werden in der Regel als risikofreie Investitionen angesehen, da sie durch den vollen guten Willen und das Vertrauen der nationalen Regierungen abgesichert sind. Jedoch sind nicht alle Staatsanleihen gleich geschaffen oder erreichen Gleichheit. Einige Regierungen zahlen einen höheren Zinssatz für ihre Anleihen als andere. Internationale Investoren berücksichtigen diese Zinssätze, wenn sie entscheiden, wo sie ihr Geld investieren wollen. Normalerweise sind Anleihen mit höheren Zinssätzen für Investoren attraktiver, solange die Volkswirtschaften, die hinter den Anleihen stehen, relativ stabil sind.

Investoren, die Staatsanleihen kaufen möchten, müssen diese Anleihen mit der Währung der vertretenen Regierung kaufen. Wenn internationale Investoren U.S.-Staatsanleihen kaufen möchten, müssen sie zuerst ihre Währungen in U.S.-Dollar tauschen. Diese erhöhte Nachfrage nach U.S. Dollar treibt den Wert des U.S. Dollar Index Futures-Kontrakts in die Höhe. Gleichzeitig treibt das erhöhte Angebot an einigen internationalen Währungen auf dem Markt den Wert der Futures-Kontrakte für diese Währungen nach unten.

Wenn Sie wissen, welche Regierungen höhere Zinssätze für ihre Staatsanleihen anbieten und welche Anleihen bei internationalen Investoren an Beliebtheit gewinnen, können Sie feststellen, welche Währungs-Futures-Kontrakte Sie kaufen und welche Währungs-Futures-Kontrakte Sie verkaufen sollten. Zum Glück für Trader ändert der internationale Anleihenmarkt selten sofort seine Richtung. Stattdessen bewegt er sich in längerfristigen und einigermaßen vorhersehbaren Trends, die Sie ausnutzen können.

Sie können auch Futures-Kontrakte auf die Staatsanleihen selbst handeln. Wenn Sie z.B. sehen, dass die Nachfrage nach japanischen oder schweizer Anleihen steigt, können Sie den Futures-Kontrakt für eine dieser Anleihen kaufen.

Aktienmärkte und der Futures-Markt

Einzelanleger auf der ganzen Welt scheinen Aktien genauer zu beobachten als jeden anderen Markt. Aktien sind aufregend, es gibt sie schon eine Weile und die meisten Einzelanleger können sich mit den Unternehmen identifizieren, von denen sie Aktien kaufen. Wenn sich Aktien gut entwickeln, fließt Geld aus der ganzen Welt hinein, um die heißen Aktien zu kaufen. Wenn sich Aktien schlecht entwickeln, fließt Geld ab, da internationale Investoren ihre Aktien verkaufen.

Futures-Investoren können von den allgemeinen Anstiegen und Rückgängen der Aktienmärkte auf der ganzen Welt profitieren, indem sie in den Futures-Kontrakt investieren oder handeln, der die Indizes der wichtigsten globalen Aktienmärkte repräsentiert. Um zum Beispiel von einem steigenden Aktienmarkt in Frankreich zu profitieren, kann ein Futures-Investor den Futures-Kontrakt für den CAC 40 kaufen. Um von einem fallenden Markt in Großbritannien zu profitieren, kann ein Futures-Anleger den Futures-Kontrakt für den FTSE 100 verkaufen.

Durch die Globalisierung ist es für Anleger aus einem Land auch einfacher geworden, in die Aktienmärkte anderer Länder zu investieren. Wenn Anleger sehen, dass sich Aktien in Großbritannien gut entwickeln, werden sie versuchen, diese Aktien zu kaufen. Wenn sie sehen, dass Aktien in Japan beginnen, sich besser zu entwickeln als Aktien in Europa, werden sie ihr Geld aus Großbritannien nach Japan umleiten, in der Hoffnung, höhere Renditen auf ihre Investitionen zu erzielen.

Aktien werden in der Landeswährung gepreist. Um in Aktien in Großbritannien zu investieren, müssen ausländische Investoren zunächst ihre Währungen in britische Pfund konvertieren. Diese erhöhte Nachfrage nach britischen Pfund treibt den Wert von Futures-Kontrakten auf britische Pfund in die Höhe. Da dies geschieht, treibt das erhöhte Angebot an internationalen Währungen auf dem Markt, ein Angebot, das in keinem Verhältnis zur Nachfrage steht, den Wert der Futures-Kontrakte für diese Währungen nach unten.

Futures-Investoren beobachten genau, wie sich die Aktienmärkte der wichtigsten Länder entwickeln. Wenn der Aktienmarkt in einem Land beginnt, sich besser zu entwickeln als der Aktienmarkt in einem anderen Land, dann wissen Futures-Investoren, dass andere Investoren wahrscheinlich in Erwägung ziehen werden, ihr Geld von dem Land mit dem schwächeren Aktienmarkt in das Land mit dem stärkeren Aktienmarkt zu transferieren. Dies wird den Wert des Futures-Kontrakts, der die Währung des Landes mit dem stärkeren Aktienmarkt repräsentiert, in die Höhe treiben. Und in der Zwischenzeit wird der Wert des Futures-Kontrakts, der die Währung des Landes mit dem schwächeren Aktienmarkt repräsentiert, sinken. Indem Sie den Futures-Kontrakt für die Währung des Landes mit dem stärkeren Aktienmarkt kaufen und den Futures-Kontrakt für die Währung des Landes mit dem schwächeren Aktienmarkt verkaufen, können Sie potenziell einen stattlichen Gewinn erzielen.

Kapitel 8:
Spread-Strategien

Spread-Strategien

Futures-Händler sind nicht darauf beschränkt, jeweils nur einen Futures-Kontrakt zu kaufen und zu verkaufen, um von den Preisbewegungen auf dem Markt zu profitieren. Sie haben die Möglichkeit, gegenläufige Kontrakte zu kaufen und zu verkaufen, was als Spread-Handel bekannt ist.

Spreads nehmen verschiedene Formen an, aber sie haben alle zwei Dinge gemeinsam:

1. Sie bieten eine Absicherung gegen ungünstige Preisbewegungen

2. Sie sind so konzipiert, dass sie die Änderungen der Preisbeziehungen zwischen zwei Futures-Kontrakten ausnutzen.

Spreads bieten eine Absicherung gegen ungünstige Preisbewegungen, da Sie gleichzeitig Futures-Kontrakte kaufen und verkaufen, wenn Sie einen Hedge eingehen. Wenn der Wert des einen Kontrakts steigt, sinkt der Wert des anderen Kontrakts. Wenn Sie zum Beispiel Verluste bei dem Futures-Kontrakt erleiden, den Sie als Teil des Spreads gekauft haben, können Sie diese teilweise mit den Gewinnen ausgleichen, die Sie bei dem Kontrakt erzielen, den Sie als Teil des Spreads verkauft haben. Umgekehrt können Sie Verluste aus dem Futures-Kontrakt, den Sie als Teil des Spreads verkauft haben, teilweise mit den Gewinnen ausgleichen, die Sie aus dem Kontrakt erzielen, den Sie als Teil des Spreads gekauft haben.

Spreads nutzen Veränderungen in den Preisverhältnissen aus. Stellen Sie sich zum Beispiel vor, dass Sie sehen, dass Rohöl-Futures-Kontrakte an einer Börse für $99 pro Barrel und Rohöl-Futures an einer anderen Börse für $100 pro Barrel gehandelt werden. Sie könnten einen Spread-Handel eingehen, indem Sie den Rohöl-Futures-Kontrakt kaufen, der zu $99 pro Barrel gehandelt wird, und den Rohöl-Futures-Kontrakt verkaufen, der zu $100 pro Barrel gehandelt wird. Wenn sich die beiden Preise schließlich annähern, werden Sie einen Gewinn erzielen.

In diesem Abschnitt werden wir uns auf die folgenden drei Arten von Spread-Trades konzentrieren: Inter-Delivery-Spreads, Inter-Commodity-Spreads, Inter-Exchange-Spreads

Inter-Delivery-Spread

Ein Inter-Delivery-Spread ist ein Spread, bei dem ein Händler einen Futures-Kontrakt mit einem bestimmten Liefermonat kauft und gleichzeitig denselben Terminkontrakt mit einem anderen Liefermonat an derselben Börse verkauft. Hier ist die einfache Aufschlüsselung:

Futures-Kontrakt:	Gleiche
Lieferung (Ablauf) Monat:	Unterschiedlich
Börse:	Gleich

Inter-Delivery-Spreads werden manchmal auch als Intra-Markt-Spreads oder Kalender-Spreads bezeichnet.

Wenn Sie beispielsweise den Chicagoer Weizenkontrakt für Juli (gehandelt am Chicago Board of Trade oder CBOT) kaufen möchten, weil Sie glauben, dass die Preise kurzfristig steigen werden, Sie aber einen Teil Ihres Risikos nach unten absichern möchten. Dies können Sie erreichen, indem Sie den Juli-Weizenkontrakt kaufen und gleichzeitig den September-Weizenkontrakt verkaufen. Wenn der Weizenpreis kurzfristig steigt, wird der Preis des Juli-Weizen-Kontrakts wahrscheinlich schneller steigen als der Preis des September-Weizen-Kontrakts, so dass Sie mit dem Juli-Kontrakt mehr Geld verdienen, als Sie mit dem September-Kontrakt verlieren werden. Wenn der Weizenpreis jedoch kurzfristig sinkt, wird der Preis des Juli-Weizenkontrakts wahrscheinlich auch schneller fallen als der Preis des September-Weizenkontrakts, wodurch Sie etwas Geld mit dem Juli-Kontrakt verlieren, aber einen Teil Ihrer Verluste mit Ihren Gewinnen aus dem September-Kontrakt ausgleichen können.

Händler unterteilen Inter-Delivery-Spreads in zwei Kategorien: Bull-Spreads und Bear-Spreads. Ein Bull-Spread ist ein Inter-Delivery-Spread , bei dem Sie den nahen Kontrakt kaufen (den Kontrakt, der am frühesten abläuft) und den späteren Kontrakt verkaufen (den Kontrakt, der am spätesten abläuft). Händler nutzen Bull Spreads, wenn sie glauben, dass die Preise in naher Zukunft steigen werden.

Das obige Beispiel des Kaufs des Juli-Weizenkontrakts und des Verkaufs des September-Äquivalents ist ein gutes Beispiel für einen Bull Spread.

Ein Bear-Spread ist ein Inter-Delivery-Spread, bei dem Sie den nahen Kontrakt verkaufen und den späteren Monatskontrakt kaufen. Händler nutzen Bear-Spreads, wenn sie glauben, dass die Preise in naher Zukunft fallen werden.

Wenn Sie z.B. den Juli-Weizenkontrakt verkaufen möchten, weil Sie glauben, dass die Preise kurzfristig sinken werden, Sie aber einen Teil Ihres Engagements nach oben absichern möchten. Können Sie dies erreichen, indem Sie den Juli-Weizenkontrakt verkaufen und gleichzeitig den September-Weizenkontrakt kaufen. Wenn der Weizenpreis kurzfristig fällt, dann wird der Preis des Juli-Weizen-Kontrakts wahrscheinlich schneller fallen als der Preis des September-Weizen-Kontrakts, was dazu führt, dass Sie mit dem Juli-Kontrakt mehr Geld verdienen als Sie mit dem September-Kontrakt verlieren werden. Andererseits, wenn der Weizenpreis kurzfristig steigt, dann wird der Preis des Juli-Weizen-Kontrakts wahrscheinlich auch schneller steigen als der Preis des September-Weizen-Kontrakts, was dazu führt, dass Sie etwas Geld mit dem Juli-Kontrakt verlieren, aber Sie können einen Teil dieser Verluste durch Ihre Gewinne mit dem September-Kontrakt ausgleichen.

Intra-Commodity-Spreads

Ein Intra-Commodity-Spread ist ein Spread, bei dem ein Händler einen Futures-Kontrakt mit einem bestimmten Liefermonat kauft und gleichzeitig einen anderen, aber verwandten Futures-Kontrakt mit demselben Liefermonat an derselben Börse verkauft. Hier ist das Ausführungsbeispiel:

Futures-Kontrakt:	Unterschiedlich
Lieferung (Ablauf) Monat:	Gleich
Börse:	Gleich

Stellen Sie sich noch einmal vor, dass Sie den Juli-Chicago-Weizenkontrakt kaufen möchten, weil Sie glauben, dass die Preise kurzfristig steigen werden, aber Sie möchten einen Teil Ihres Risikos nach unten absichern. Allerdings sehen Sie derzeit keinen Preisvorteil in der Verwendung eines Inter-Delivery-Spreads. Stattdessen entscheiden Sie sich für einen Inter-Commodity-Spread und sichern das Risiko (als Folge des Kaufs eines Juli-Weizenkontrakts) durch den Verkauf eines Juli-Mais-Kontrakts in Chicago ab.

Weizen und Mais sind zwei verschiedene Waren, aber sie sind miteinander verwandt. Beide haben eine relativ ähnliche Wachstumsperiode, beide sind Getreide und beide sind wichtig für die globale Nahrungsmittelversorgung. Nun glauben Sie aber, dass der Preis von Weizen schneller steigen wird als der von Mais. Um von dieser Preisdiskrepanz zu profitieren, entscheiden Sie sich, den Juli-Weizenkontrakt zu kaufen und den Juli-Mais-Kontrakt zu verkaufen. Wenn der Weizenpreis kurzfristig schneller steigt als der Maispreis, wird der Preis des Juli-Weizen-Kontrakts wahrscheinlich schneller steigen als der Preis des Juli-Mais-Kontrakts, so dass Sie mit dem Juli-Weizen-Kontrakt mehr Geld verdienen können als Sie mit dem Juli-Mais-Kontrakt verlieren werden. Andererseits, wenn der Weizenpreis kurzfristig schneller fällt als der Maispreis, wird der Preis des Juli-Weizen-Kontrakts wahrscheinlich auch schneller fallen als der Preis des Juli-Mais-Kontrakts, was dazu führt, dass Sie etwas Geld mit dem Juli-Weizen-Kontrakt verlieren, aber es Ihnen ermöglicht, einen Teil Ihrer Verluste mit Ihren Gewinnen mit dem Juli-Mais-Kontrakt auszugleichen.

Inter-Börsen-Spreads

Ein Inter-Markt-Spread ist ein Spread, bei dem ein Händler einen Futures-Kontrakt mit einem bestimmten Liefermonat kauft und gleichzeitig denselben Futures-Kontrakt mit demselben Liefermonat an einer anderen Börse verkauft. Hier ist die Aufschlüsselung:

Futures-Kontrakt:	Gleich
Lieferung (Ablauf) Monat:	Gleich
Börse:	Unterschiedlich

Inter-Börsen-Spreads werden manchmal auch als Inter-Markt-Spreads bezeichnet. Stellen Sie sich vor, Sie möchten den Chicagoer Weizenkontrakt für Juli kaufen, weil Sie glauben, dass die Preise kurzfristig steigen werden, aber Sie möchten auch einen Teil Ihres Risikos nach unten hin absichern. Anstatt sich jedoch mit einem Intra-

Commodity-Spread oder einem Inter-Delivery-Spread abzusichern, entscheiden Sie sich für einen Inter-Börsen-Spread, indem Sie Ihren Long-Juli-Chicago-Weizenkontrakt mit einem Short-Juli-Kansas-City-Weizenkontrakt (gehandelt am Kansas City Board of Trade) absichern.

Weizen aus Chicago und Weizen aus Kansas City sind sich recht ähnlich. Wenn ein Kontrakt zu einem höheren Preis als ein anderer Kontrakt gehandelt wird, können Sie den Kontrakt kaufen, der zu einem niedrigeren Preis gehandelt wird und den Kontrakt verkaufen, der zu einem höheren Preis gehandelt wird. Auf diese Weise kaufen Sie niedrig und verkaufen hoch. Wenn sich die beiden Preise schließlich wieder annähern, machen Sie einen Gewinn.

Kapitel 9: Diversifizierung

Diversifizierung

Diversifizierung ist die Praxis, Ihr Geld über eine breite Palette von nicht miteinander verbundenen Investitionen zu verteilen. So wie ein Fußballtrainer seine Spieler strategisch auf dem Feld platziert, um Vorteile aus Veränderungen im Spiel zu ziehen und Schwächen des Gegners auszunutzen, sollten Sie darauf achten, Ihr Geld strategisch auf dem Futures-Markt zu platzieren, um darauf vorbereitet zu sein, von jedem Sektor des Marktes zu profitieren, der in Bewegung geraten könnte.

Diversifizierung kann helfen, Ihr Handelsportfolio vor plötzlichen und tiefen Verlusten zu schützen. Nehmen wir an, Sie würden Ihr gesamtes Geld nehmen und Futures-Kontrakte auf Rohöl kaufen, nur um zu sehen, wie der Ölpreis an einem einzigen Tag umschlägt und einbricht. Es würde keine allzu große Bewegung benötigen, um Ihr gesamtes Konto zu vernichten. Stellen Sie sich nun vor, Sie würden einen Teil Ihres Geldes nehmen und ein paar Futures-Kontrakte auf Rohöl, ein paar Futures-Kontrakte auf Mais, ein paar Futures-Kontrakte auf den S&P 500 und ein paar Futures-Kontrakte auf Gold kaufen. Selbst wenn der Ölpreis dramatisch fallen würde und Sie dadurch bei diesem Handel Geld verlieren würden, hätten Sie immer noch drei andere Trades, die nicht von der Änderung des Ölpreises betroffen wären.

Offensichtlich sollten Sie nicht in zufällige Futures-Kontrakte investieren, nur um Ihr Konto zu diversifizieren. Sie müssen immer davon überzeugt sein, dass der Handel, den Sie tätigen, das Potenzial hat, ein profitabler Handel zu sein. Aber Sie sollten darauf achten, Ihr Risiko auf mehrere attraktive Trades zu verteilen.

Diversifizierung gibt es in verschiedenen Formen und Größen. In diesem Abschnitt werden wir uns zwei Möglichkeiten ansehen, wie Sie Ihr Konto gewinnbringend diversifizieren können: Diversifizierung von Waren und Diversifizierung von Strategien.

Waren Diversifizierung

Die vielleicht offensichtlichste und einfachste Form der Diversifizierung ist die Streuung auf verschiedene Waren. Wie bereits erwähnt, sind die Chancen gering, dass Sie mit einem Rohölkontrakt, einem Maiskontrakt, einem S&P 500-Kontrakt und einem Goldkontrakt zur gleichen Zeit Geld verlieren. Diese Futures-Kontrakte werden nicht alle von denselben Marktkräften beeinflusst. Umgekehrt sind einige Futures-Kontrakte eng miteinander verbunden. Und wenn Sie nur in eng verwandte Futures-Kontrakte investieren, könnten Sie mit jedem Kontrakt Geld verlieren. Zum Beispiel sind Rohöl und Erdgas eng miteinander verbunden, Mais und Weizen sind eng miteinander verbunden, der S&P 500 und der FTSE 100 sind eng miteinander verbunden und Gold und Silber sind eng miteinander verbunden.

Händler, die eine optimale Diversifizierung von Waren erreichen, streuen ihre Trades auf die verschiedenen Futures-Sektoren. Zur Übersicht: Die folgenden Sektoren umfassen die Kategorie der Waren-Futures:

- Landwirtschaft
- Grundmetalle
- Energien
- Fleisch
- Edelmetalle
- Nahrungsmittel

Die folgenden Sektoren umfassen die Kategorie Finanz-Futures:

- Anleihen
- Währungen
- Kurzfristige Zinssätze
- Aktien-Indizes

Um es ins rechte Licht zu rücken, haben Sie als Futures-Händler viele Futures-Sektoren zur Auswahl. Sie müssen sich nicht auf nur einen oder zwei dieser Sektoren beschränken. Sie können einen Kontrakt im Softsektor, dem Anleihensektor, dem Energiesektor und dem Agrarsektor handeln und Ihr Risiko diversifizieren.

Natürlich sollten Sie eine gründliche Analyse durchführen, bevor Sie einen Handel platzieren. Denken Sie daran, dass Sie nicht nur um der Vielfalt willen auf beliebige Kontrakte diversifizieren sollten. Sie sollten immer einen Grund haben, einen bestimmten Kontrakt zu kaufen oder zu verkaufen.

Wenn Sie gerade erst mit dem Futures-Handel beginnen, kann es eine Weile dauern, bis Sie sich beim Handel mit Kontrakten aus allen Futures-Sektoren wohlfühlen, und das ist völlig in Ordnung. Es besteht kein Druck, alles zu handeln, und eine Spezialisierung ist am Anfang oft am besten.

Strategie Diversifizierung

Die Diversifizierung bezieht sich nicht nur darauf, *welche* Futures-Kontrakte Sie kaufen und verkaufen, sondern auch darauf, *wie* Sie sich entscheiden, diese Kontrakte zu kaufen oder zu verkaufen. Die Diversifizierung von Strategien kann für Ihren Gesamterfolg als Futures-Händler genauso wichtig sein wie die Diversifizierung von Waren.

Sie haben in diesem Buch viele verschiedene Handelsstrategien kennengelernt. Sie haben über den Handel mit Preismustern, den Handel mit technischen Indikatoren und den Handel mit verschiedenen Spread-Strategien gelernt. Jetzt ist es an der Zeit, mit der Anwendung dieser verschiedenen Strategien zu beginnen.

Wenn Sie z.B. die verschiedenen Marktsektoren betrachten, weil Sie ein gesundes Maß an Rohstoff-Diversifikation beibehalten wollen, und Sie bemerken, dass sich die Futures-Kontrakte in einem der Sektoren (z.B. Edelmetalle) seitwärts bewegen, während die Futures-Kontrakte in einem der anderen Marktsektoren (z.B. Energien) in einem starken Aufwärtstrend nach oben gehen. Sicherlich könnten Sie Ihr Konto diversifizieren und einige Kontrakte in den Edelmetallsektoren und einige Kontrakte im Energiesektor kaufen und ein hohes Maß an Diversifizierung der Waren erreichen, aber ist das wirklich der effektivste Weg, Ihr Geld in diesen Geschäften einzusetzen?

Der Kauf der Kontrakte im Energiesektor ist wahrscheinlich eine gute Idee, da sich diese Kontrakte derzeit in einem Aufwärtstrend befinden. Der Kauf der Kontrakte in den Edelmetallsektoren scheint jedoch eine Zeitverschwendung zu sein, da diese Kontrakte seitwärts tendieren. Vielleicht wäre eine effektivere Verwendung Ihres Geldes die Implementierung einer Spread-Strategie, wie z.B. ein Inter-Delivery-Spread, der die Vorteile von Futures-Kontrakten nutzt, die sich seitwärts bewegen. Auf diese Weise würden Sie nicht nur sicherstellen, dass Sie den gewünschten Grad der Diversifizierung von Waren erreichen, sondern auch, dass Sie die passende Handelsstrategie für das verwenden, was der Markt Ihnen bietet. Versuchen Sie, Aspekte dieses Ansatzes bei Ihrem Futures-Handel zu berücksichtigen. Wenn Sie feststellen, dass eine Strategie nicht funktioniert, versuchen Sie eine andere. Sie sind nur durch Ihre Vorstellungskraft und Ihre Bereitschaft, kreativ zu sein, begrenzt.

Am Ende, wenn Sie Ihren Handel über mehrere Futures-Kontrakte diversifizieren und ein paar verschiedene Handelsstrategien implementieren können, um von allen Umständen zu profitieren, die der Markt Ihnen bietet, werden Sie feststellen, dass Sie auf dem besten Weg sind, ein erfolgreicher Futures-Händler zu werden.

Kapitel 10:
Börsengehandelte Fonds

Börsengehandelte Fonds (ETFs) sind Investmentfonds, die an Börsen gehandelt werden. Obwohl sie keine Investmentfonds sind, bieten sie alle Vorteile der Diversifizierung, die Sie beim Handel mit einem Investmentfonds genießen würden. ETFs genießen auch alle Vorteile der Liquidität, die Sie beim Handel mit einzelnen Aktien haben. Einfach ausgedrückt sind ETFs Fonds, die wie eine Aktie gehandelt werden.

ETFs bieten eine sofortige Diversifizierung, denn wenn Sie einen ETF kaufen, erwerben Sie einen Anteil an einem Fonds, der mehrere Vermögenswerte umfasst. ETFs sind wie ein großer Vermögenspool, in den Fondsmanager verschiedene Vermögenswerte wie Aktien, Anleihen und Waren einbringen. Wenn Sie einen ETF kaufen, kaufen Sie das Gesamteigentum an dem Pool und seinem Inhalt als Ganzes, nicht das stückweise Eigentum an den einzelnen Inhalten.

Mit einem ETF können Sie Geld verdienen. Wenn der Wert der Vermögenswerte innerhalb des Pools steigt, steigt auch der Gesamtwert des Pools. Umgekehrt sinkt der Gesamtwert des Pools, wenn der Wert der Vermögenswerte innerhalb des Pools sinkt. Mit anderen Worten: Wenn die Vermögenswerte innerhalb eines ETFs im Wert steigen, steigt der Wert des ETFs, und wenn die Vermögenswerte innerhalb eines ETFs im Wert sinken, sinkt der Wert des ETFs.

Sofortige Diversifizierung

ETFs geben Ihnen die Möglichkeit, mehrere Vermögenswerte gleichzeitig zu besitzen, ohne jeden Vermögenswert einzeln kaufen zu müssen. Stellen Sie sich zum Beispiel die Handelskosten vor, die anfallen würden, und das Kapital, das Sie auf Ihrem Konto haben müssten, wenn Sie jeden Anteil innerhalb des S&P 500 einzeln kaufen müssten.

Diversifizierung kann Sie auch vor unsystematischem Risiko schützen. Wenn Sie z.B. nur eine der Aktien des Nikkei 225 Index besitzen und diese Aktie an Wert verliert, verlieren Sie Geld mit Ihrer Investition. Wenn Sie jedoch den gesamten Nikkei 225 Index über einen ETF besitzen und dieselbe Aktie fällt, haben Sie 224 andere Aktien um sie herum, die wahrscheinlich sicherstellen, dass der Wert des gesamten Index entweder stabil bleibt oder höher steigt.

Viele der beliebtesten ETFs bilden breite Marktindizes ab. Im Folgenden sind nur einige Beispiele aufgeführt:

S&P 500
Dow Jones Industrial Average
FTSE 100
DAX Index
Nikkei 225
FTSE/Xinhua China 25 Index

NASDAQ 100

CAC 40 Index

Viele ETFs bilden auch verschiedene Marktsektoren ab, wie zum Beispiel die folgenden:

Informationstechnologie

Energie

Materialien

Industrien

Telekommunikation

Versorgungsleistungen

Gesundheitspflege

Finanzen

Offener Markthandel

ETFs werden wie normale Aktien an den Börsen frei gehandelt. Solange die Börsen, an denen die ETFs gehandelt werden, geöffnet sind, können Sie jeden ETF kaufen oder verkaufen. Dies ist ein Vorteil gegenüber Investmentfonds.

Investmentfonds werden in der Regel erst am Ende des Börsentages gehandelt, wenn alle Vermögenswerte innerhalb der Fonds bewertet werden können. Zu diesem Zeitpunkt wird den Fonds ein

Schlusswert für den Tag zugewiesen, und Sie können die Fonds zu diesem Schlusswert kaufen oder verkaufen. Leider müssen Sie an Handelstagen, an denen die Vermögenswerte innerhalb der Fonds an Wert verlieren, die Fonds bis zum Ende des Tages halten, unabhängig davon, wie viel Wert die Fonds verlieren. Zusammenfassend lässt sich sagen, dass Sie unabhängig davon, ob der Wert eines ETFs während des Handelstages steigt oder fällt, den ETF kaufen oder verkaufen können, um von der Preisbewegung zu profitieren.

Sie können Ihre ETF-Trades schützen, indem Sie Stop-Loss-Orders setzen. Da ETFs frei gehandelt werden, können Sie Stop-Loss-Orders setzen, die Sie im Laufe des Handelstages aus Ihren Geschäften herausnehmen, wenn der vorher festgelegte Preis erreicht wird. Wenn Sie mit Investmentfonds handeln würden, um eine Diversifizierung zu erreichen, hätten Sie diese Möglichkeit nicht, da Sie Investmentfonds nur am Ende des Handelstages kaufen oder verkaufen können, nachdem die Märkte geschlossen haben. Es würde also keine Rolle spielen, wenn Ihr Auslösepreis während des Markttages getroffen wird, da Sie nicht in der Lage wären, Ihren Handel zu beenden.

Stop-Loss-Aufträge

Mit Stop-Loss-Orders können Sie geeignete Maßnahmen zum Risikomanagement in Ihrem Konto umsetzen. Folglich können Sie Ihr Anlagekapital gleichzeitig durch Diversifizierung und Stop-Loss-Aufträge schützen.

Geringere Gebühren

Wenn Sie Ihr Geld einem Manager zur Anlage anvertrauen, müssen Sie diesem normalerweise eine Gebühr zahlen. Je aktiver der Manager an den Anlageentscheidungen beteiligt ist, desto höher ist in der Regel die Gebühr, die Sie zahlen müssen. ETFs haben normalerweise niedrigere Gebühren, weil sie passiv verwaltet werden, im Gegensatz zu vielen Fonds, einschließlich Investmentfonds, die aktiv verwaltet werden.

Viele ETFs bilden einen bestimmten Index, Marktsektor usw. ab. Da sich die Zusammensetzung der meisten Aktienindizes und Aktiensektoren kaum ändert, müssen die Manager der meisten ETFs die Bestände innerhalb des Fonds nicht oft ändern. Da diese Manager keine so aktive Rolle spielen, verlangen sie folglich eine niedrigere Gebühr.

Die meisten Investmentfondsmanager hingegen treffen täglich Entscheidungen darüber, welche Vermögenswerte sie ihren Portfolios hinzufügen, welche sie in ihren Portfolios behalten und welche sie aus ihren Portfolios entfernen werden. Dieses aktive Management und die daraus resultierenden Handelsgebühren erhöhen die Gebühren, die Investmentfondsmanager ihren Kunden in Rechnung stellen.

Fazit

Vielen Dank, dass Sie es bis zum Ende von *Futures-Handelsstrategien* geschafft haben. Wir hoffen, dass es informativ war und Ihnen die ersten Werkzeuge an die Hand geben konnte, die Sie benötigen, um Ihr Ziel, mit Futures zu handeln und damit Geld zu verdienen, zu erreichen.

Der nächste Schritt besteht darin, Ihre Fähigkeiten beim Handel zu testen und Ihr Risikokapital aufzubauen, damit Sie weitere Trades tätigen können. Dies wird Ihnen die Motivation geben, die Sie brauchen, um erfolgreich zu sein.

Ich habe mehrere andere Bücher über verschiedene Aspekte des Handels und der Anlageklassen geschrieben, bitte schauen Sie sich diese ebenfalls an!

Profil des Autors

Wayne **Walker** ist der Direktor einer globalen Kapitalmarktbildungs- und Beratungsfirma (gcmsonline.info). Er verfügt über mehrere Jahre Erfahrung in der Führung und im Coaching von Teams von Anlageberatern und hat in der Privatkundengruppe auf der Grundlage von Benchmark Earnings (BME) Teams mit Spitzenleistungen geleitet.